FRANZ SCHUBERT

SYMPHONY

B minor/h-Moll/Si mineur
D 759
"Unfinished"
„Unvollendete"
Edited by / Herausgegeben von
Teresa Reichenberger

Ernst Eulenburg Ltd

London · Mainz · Madrid · New York · Paris · Tokyo · Toronto · Zürich

CONTENTS / INHALT

PREFACE / VORWORT

On the title page of the autograph, Schubert gave the starting date for the manuscript score of his Symphony in B minor as 30 October 1822. Sketches for it must date from the same month, following completion of the Mass in A flat major (September 1822).

The origin of the work, its subsequent fate and the circumstances of its incompleteness remain obscure and for over a century have given rise to numerous speculations. The works closest chronologically to the Symphony, such as songs (e.g. 'Die Liebe hat gelogen' D 751, *Nachtviolen* D 752, *Heliopolis* I/II, D 753/4), the Mass in A flat major, or the Fantasy in C major for piano ('Wanderer' Fantasy), for which Schubert had put the Symphony on one side in November 1822, provide no clues to the character or format of this symphony. It is even less easy to categorize the work within Schubert's symphonic output: earlier came six completed symphonies, whose composition fell, without any significant break, between the years 1813 and 1818, and sketches for two symphonies, in D major (1818) and E major (1821), which remain in draft form.

The time span between Schubert's early symphonies and the B minor Symphony also implies a stylistic change. While the above-mentioned works still conform to the classical symphonic style and can be placed within the Mozartian tradition, the B minor Symphony, with its anticipation of 'romantic feeling' and its superiority over all previous compositions in terms of content and conception, initiates Schubert's series of great instrumental works. Schubert's comment that he wanted to 'pave the way towards the great sympho-

Schubert datierte den Beginn der Partiturniederschrift seiner Sinfonie in h-Moll auf dem Titelblatt des Autographs mit dem 30. Oktober 1822. Skizzen hierzu dürften in demselben Monat entstanden sein, im Anschluß an die Vollendung der Messe in As-Dur (September 1822).

Die Entstehung des Werkes und dessen späteres Schicksal liegen ebenso wie der Umstand des Fragmentarischen im Verborgenen und geben seit einem Jahrhundert Anlaß zu vielerlei Vermutungen. Denn die in unmittelbarer zeitlicher Nachbarschaft entstandenen Werke, wie Lieder (z.B. „Die Liebe hat gelogen" D 751, *Nachtviolen* D 752, *Heliopolis* I/II, D 753/4), die Messe in As-Dur oder die Fantasie in C-Dur für Klavier („Wandererfantasie"), für welche Schubert die Sinfonie im November 1822 beiseite gelegt hat, bieten keinen Zugang zu Charakter und Format der vorliegenden Sinfonie. Noch weniger läßt sich das Werk innerhalb Schuberts sinfonischem Schaffen einordnen: vorangegangen waren sechs vollendete Sinfonien, deren Entstehung ohne größere Unterbrechung in die Jahre 1813 bis 1818 fiel, und zwei Sinfonieskizzen in D-Dur (1818) und E-Dur (1821), die Versuche blieben.

Der zeitliche Abstand der h-Moll-Sinfonie zu Schuberts frühen Sinfonien impliziert gleichzeitig eine stilistische Wende. Während die genannten Werke noch dem klassischen Sinfoniestil zuzuordnen und an der Mozart-Tradition orientiert sind, eröffnet die h-Moll-Sinfonie mit ihrer Vorwegnahme des „romantischen Lebensgefühls" und ihrer Überlegenheit an Gehalt und Anlage allem bisher Geschaffenen die Reihe von Schuberts großen Instrumentalwerken. Zweifellos bezieht sich die Bemerkung Schuberts, er wolle sich „den Weg zur

ny'[1] obviously relates to this development, which culminates in his last symphony, the 'Great C major'.

Besides the two complete movements, *Allegro moderato* in B minor and *Andante con moto* in E major, Schubert left twenty bars of a Scherzo in B minor, headed *Allegro*, which is only orchestrated up to the ninth bar.[2] It was in this state that the score came into the hands of Josef Hüttenbrenner,[3] Schubert's close friend and pupil, in 1823. The former was supposed to take the score to Graz to his brother Anselm (well known to Schubert from his student years in Vienna), probably in connection with the conferring on Schubert of honorary membership of the Steiermärkische Musikverein, with whom Anselm Hüttenbrenner was involved. It is not known when Hüttenbrenner actually came into possession of the Symphony. As he made no date for a performance of the symphonic fragment, the work disappeared from public view for the next decades. All we know is that Hüttenbrenner arranged the two movements for piano duet.[4] It was not until 1865 that Johann Herbeck (1831–77), Court Kapellmeister and artistic director of the Gesellschaft der Musikfreunde in Vienna, came into possession of the safely preserved manuscript while visiting Hüttenbrenner in Graz. On the 17 December 1865 the first performance took place, conducted by Herbeck, in the large Redoutensaal of the Vienna Hofburg. Later the Viennese patron of the arts Nikolaus Dumba acquired the score of the Symphony in

großen Sinfonie bahnen"[1], auf diese Entwicklung, an deren Spitze seine letzte Sinfonie, die „Große C-Dur" von 1825, steht.

Schubert hinterließ neben den ersten beiden vollständigen Sätzen *Allegro moderato* in h-Moll und *Andante con moto* in E-Dur zwanzig Takte eines *Allegro* überschriebenen Scherzos in h-Moll, welches nur bis zum neunten Takt voll instrumentiert ist[2]. In diesem Zustand geriet die Partitur im Jahre 1823 in die Hände von Josef Hüttenbrenner[3], Schuberts engem Freund und Schüler. Jener sollte die Partitur seinem Bruder Anselm, Schubert aus dessen Wiener Studienjahren gut bekannt, nach Graz überbringen, vermutlich im Zusammenhang mit der Ernennung Schuberts zum Ehrenmitglied des Steiermärkischen Musikvereins, bei dem auch Anselm Hüttenbrenner tätig war. Es ist nicht bekannt, wann Hüttenbrenner in den Besitz der Sinfonie gelangte. Da er keine Anstalten zu einer Aufführung des Sinfonie-Torsos machte, verschwand das Werk für die nächsten Jahrzehnte aus dem Blickfeld der Öffentlichkeit. Wir wissen nur, daß Hüttenbrenner die beiden Sätze für Klavier vierhändig gesetzt hat[4]. Erst im Jahre 1865 erhielt Johann Herbeck (1831–1877), Hofkapellmeister und artistischer Direktor der Gesellschaft der Musikfreunde in Wien, das gut aufbewahrte Manuskript, als er Hüttenbrenner in Graz aufsuchte. Am 17. Dezember 1865 fand unter Herbecks Leitung im großen Redoutensaal der Wiener Hofburg die erste Aufführung statt. Die Partitur der h-Moll-Sinfonie erwarb später

[1] See Otto Erich Deutsch, *Schubert. Die Dokumente seines Lebens* (Neue Schubert-Ausgabe, series VIII, vol. 5), Kassel etc. 1964, p. 235
[2] The piano sketches go as far as the beginning of the Trio.
[3] See the quoted letter of Josef Hüttenbrenner to Andreas Hüttenbrenner in Maurice J. E. Brown, *Schubert: a Critical Biography*, London 1958, p. 113
[4] Heinrich Kreissle von Hellborn, *Franz Schubert*, Vienna 1865, p. 615

[1] vgl. Otto Erich Deutsch, *Schubert. Die Dokumente seines Lebens* (*Neue Schubert-Ausgabe*, Serie VIII, Bd. 5), Kassel etc. 1964, S. 235
[2] Die Klavierskizze reicht bis zum Beginn des Trios.
[3] vgl. Briefzitat Josef Hüttenbrenners an Andreas Hüttenbrenner in: Maurice J. E. Brown, *Schubert. Eine kritische Biographie*, Wiesbaden 1964, S. 113
[4] Heinrich Kreißle von Hellborn, *Franz Schubert*, Wien 1865, S. 615

V

B minor, and the piano sketches belonging to it. After his death both came into the possession of the Gesellschaft der Musikfreunde.

In 1867 the score and parts were published for the first time by the Viennese publisher C. A. Spina with the title 'Two movements of the Unfinished Symphony in B minor'.

The fact of its incompleteness has always surrounded the Symphony with an aura of mystery, although Schubert did leave several other fragments – the unfinished string quartet in C minor of 1820, known as the 'Quartett-Satz', for example. No unfinished composition has occupied musicians and musicologists so intently as this particular Symphony. The possibility that Schubert did in fact complete the four movements and that the missing movements had been lost[5] was dismissed by Christa Landon's[6] discovery of the missing five pages of the autograph score, on one page of which the instrumentation broke off while the remaining four were empty. Countless attempts at completing the score retrospectively are based on this theory – among them that of Gerald Abraham[7] who added an entr'acte from the play *Rosamunde*. A further theory claims that it was self-criticism that caused Schubert to give up work in the middle of the Scherzo, which he felt to be substandard.[8] Maurice J. E. Brown[9] relates the composition to Schubert's tragic illness, syphilis, at the end of

der Wiener Kunstmäzen Nikolaus Dumba (1830–1900), ebenso die dazugehörigen Klavierskizzen. Beides ging nach seinem Tod an die Gesellschaft der Musikfreunde über.

Im Jahre 1867 erschienen Partitur und Stimmen mit dem Titel „Zwei Sätze der unvollendeten Sinfonie in H moll" beim Wiener Verlag C. A. Spina erstmals im Druck.

Der unvollendete Zustand umgab die Sinfonie seit jeher mit dem Nimbus des Geheimnisvollen, obgleich Schubert nicht wenige Fragmente hinterlassen hat, wie z. B. das nicht zu Ende komponierte und als „Quartett-Satz" bekannte Streichquartett in c-Moll von 1820. Keine unvollendet gebliebene Komposition hat Musiker und Musikwissenschaftler so intensiv beschäftigt wie die vorliegende. Die Vermutung, Schubert hätte das viersätzig konzipierte Werk vollendet und die fehlenden Sätze wären verloren gegangen[5], wurde spätestens durch Christa Landons[6] Entdeckung der fehlenden fünf Seiten des Partituautographs, davon eine Seite, auf der die Instrumentation abbricht und vier leere, entkräftet. Auf dieser Theorie basieren zahlreiche Versuche, die Sinfonie nachträglich zu vervollständigen – so u. a. von Gerald Abraham[7], der ihr eine Zwischenaktmusik aus dem Schauspiel *Rosamunde* unterlegte. Eine weitere Theorie behauptet, Selbstkritik hätte Schubert mitten im Scherzo, das er als minderwertig empfand, die Arbeit abbrechen lassen[8]. Maurice J. E. Brown[9]

[5] T. C. L. Pritchard, 'The Unfinished Symphony', *The Music Review* iii (1942), pp. 10–32
[6] Christa Landon, 'Neue Schubert-Funde', *Österreichische Musikzeitschrift* 24 (1969), pp. 315–17
[7] Gerald Abraham, 'Finishing the Unfinished', *The Musical Times* cxii (1971), pp. 547–8
[8] Ernst Laaff, 'Schuberts H-Moll-Symphonie', in *Gedenkschrift für Hermann Abert*, Halle 1928, p. 115
[9] Maurice J. E. Brown, *Schubert, Franz*, in *The New Grove Dictionary of Music and Musicians*, London 1980, vol. 16, p. 761

[5] T. C. L. Pritchard, *The Unfinished Symphony*, in: *The Music Review* III 1942, S. 10–32
[6] Christa Landon, *Neue Schubert-Funde*, in: *Österreichische Musikzeitschrift* Jg. 24/1969, S. 315–317
[7] Gerald Abraham, *Finishing the Unfinished*, in: *The Musical Times* CXII, 1971, S. 547–548
[8] Ernst Laaff, *Schuberts H-Moll-Symphonie*, in: *Gedenkschrift für Hermann Abert*, Halle 1928, S. 115
[9] Maurice J. E. Brown, *Schubert, Franz*, in: *The New Grove Dictionary of Music and Musicians*, London 1980, 16. Bd., S. 761

1822, which prevented him for psychological reasons from taking up work again on the composition. Consideration of Schubert's compositional method is of great significance, and this is fully apparent in the preserved drafts. In the Symphony in B minor, as in many other cases, the piano sketches contain the entire conception of the subsequent orchestral score, which is essentially simply a neat copy. For whatever reasons Schubert broke off in the third movement, it would have contradicted his usual method of work to have made alterations retrospectively, or to have taken up the work anew.

In the field of symphonic music Schubert never achieved the breakthrough that he did with his songs from the beginning of the 1820s – typical products of the Biedermeier period. Contemporary concert programmes and advertisements indicate an intense cultivation of Schubert's vocal composition. There was no lack of admiration or patronage either, as is clear from the organisation of so-called 'Schubertiades', i. e. house concerts among the circle of followers, and 'dedicatory compositions'. Perhaps most worthy of credit among Schubert's friends of those years was the Viennese lawyer Leopold Sonnleithner (1797-1873), who together with several art-lovers financed the first edition of a Schubert song ('Erlkönig'). A further twelve volumes were financed by him personally and sold on commission by the publishing house Cappi & Diabelli. During the next two years Schubert's name became increasingly familiar in Vienna, especially through the performance of two *Singspiele*[10] in leading Viennese theatres.

schließlich bringt die Komposition in Zusammenhang mit Schuberts tragischer Erkrankung an Syphilis zu Ende des Jahres 1822, welche ihn aus psychischen Gründen an einer Wiederaufnahme der Kompositionsarbeit gehindert haben soll. Von großer Bedeutung ist auch die Berücksichtigung von Schuberts individuellem Schaffensprozeß, der an Hand der erhaltenen Entwürfe nachvollziehbar ist. Wie in vielen Fällen, so auch in der Sinfonie in h-Moll, umfassen die Klavierskizzen bereits die gesamte geistige Konzeption der späteren Partiturniederschrift, die wesentlich nur eine Reinschrift darstellt. Aus welchen Gründen Schubert auch immer die Komposition im dritten Satz abgebrochen haben mag, hätte es seiner Schaffensweise widersprochen, nachträglich Änderungen anzubringen oder die Arbeit neu aufzunehmen.

Auf dem Gebiet der sinfonischen Musik gelang Schubert nie der Durchbruch, wie er ihm seit Beginn der zwanziger Jahre des 19. Jahrhunderts durch seine Liedkompositionen, jene typischen Produkte des Biedermeiers, zuteil wurde. Zeitgenössische Konzertprogramme und Zeitungsanzeigen berichten von einer intensiven Pflege Schubertscher Vokalkompositionen. Auch an Verehrern und Gönnern fehlte es nicht, wie aus der Veranstaltung von sogenannten „Schubertiaden", d. h. Hauskonzerten im Freundeskreis, und „Widmungskompositionen" hervorgeht. Zu seinen vielleicht verdienstvollsten Freunden jener Jahre zählte der Wiener Advokat Leopold Sonnleithner (1797–1873), der zusammen mit einigen Kunstfreunden im Frühjahr 1821 die erste Veröffentlichung eines Schubertschen Werkes („Erlkönig") finanziert hatte. Auf gleiche Weise wurden weitere zwölf Hefte auf eigene Rechnung gestochen und vom Verlag Cappi & Diabelli in Kommission verkauft. Innerhalb der folgenden zwei Jahre wurde Schuberts Name in Wien auch

In contrast to his great model, Beethoven, who, in his own lifetime, was already celebrated as the master of symphonic writing, Schubert first won renown as a composer of Lieder and as a master of chamber music forms. Nevertheless, in the field of symphonic writing too, he succeeded with the B minor Symphony in breaking away for the first time from his earlier models, achieving a completely autonomous masterpiece. The year in which it was composed, 1822, is thus 'the mark of his full maturity as a composer'.[11]

Unlike the formalistic compositional method of the Viennese classicists, Schubert's was based on the principle of change. Musical events are borne predominantly by the melody which, at its first appearance, is already self-contained and song-like, as for example the two themes of the first movement of the B minor Symphony (wind theme bars 13–20, string theme bars 44–53). Neither of these themes however provides material for the development, which is concerned only with the theme of the introduction (bars 1–8). The slow second movement is made up of two parts which are both repeated in the manner of a recapitulation.

The pre-eminence of this work – and not only within Schubert's symphonic output – can be attributed to the wonderful melodic ideas, the characteristic tone colour and the richness of the harmony, achieved through modulation to distant keys, sudden changes from major to minor and enharmonic modulation.

Without going into the misunderstandings concerning the numbering of Schu-

---

durch Aufführungen zweier Singspiele[10] in führenden Wiener Theatern bekannter.

Zum Unterschied von seinem großen Vorbild Beethoven, der schon zu Lebzeiten als Meister der Sinfonik gefeiert wurde, erwarb Schubert seinen ersten Ruhm als Liederkomponist und Meister der Kammerbesetzung. Dennoch gelang ihm auch auf sinfonischem Gebiet mit der h-Moll-Sinfonie erstmals die Loslösung von seinen Vorbildern, indem er ein vollkommen eigenständiges Meisterwerk schuf. Das Jahr der Entstehung 1822 wird auch als Markstein seiner vollen Künstlerreife[11] gewertet.

Im Gegensatz zum konstruktiven Kompositionsprinzip der Wiener Klassiker beruht jenes Schuberts auf der Verwandlung. Das musikalische Geschehen wird hauptsächlich getragen von der Melodie, die schon bei ihrem ersten Erscheinen liedartig in sich geschlossen ist, wie in den beiden Themen des ersten Satzes der h-Moll-Sinfonie (Bläserthema T. 13–20, Streicherthema T. 44–53). Keines dieser Themen liefert jedoch Material für die Durchführung, welche lediglich das Einleitungsthema (T. 1–8) behandelt. Der langsame zweite Satz setzt sich formal aus zwei Teilen zusammen, die beide reprisenartig wiederholt werden.

Seine Vorrangstellung nicht nur innerhalb Schuberts sinfonischem Schaffen verdankt dieses Werk neben den wunderbaren melodischen Einfällen den charakteristischen Klangfarben und der reichen Harmonik, zu deren Mitteln das Modulieren in entfernte Tonarten, der unmittelbare Wechsel von Dur und Moll und die enharmonische Verwechslung gehören.

Um Mißverständnisse bezüglich der Numerierung der letzten Sinfonien Schu-

---

[10] *Die Zwillingsbrüder* (Kärntnertortheater, 14. 6. 1820) *Die Zauberharfe* (Theater an der Wien, 19. 8. 1820)

[11] John Reed, *Schubert: the Final Years*, London 1972, p. 158

[10] *Die Zwillingsbrüder* (Kärntnertortheater, 14. 6. 1820), *Die Zauberharfe* (Theater an der Wien, 19. 8. 1920)

[11] John Reed, *Schubert. The Final years*, London 1972, S. 158

VIII

bert's last symphonies, it should nevertheless be mentioned that the incorrect numbering of the B minor as No. 8 and the great C major as No. 7 dates back to Johannes Brahms and the old Complete Edition.[12] In order to re-establish the chronological order the C major Symphony frequently is tagged No. 9. Since the revised edition of 'Deutsch' numbers in German[13] the 'Unfinished' appears in the chronologically correct position of No. 7.

The editor thanks the Gesellschaft der Musikfreunde in Vienna for making available source materials and the Director of the Archive Dr Otto Biba for helpful support in her work.

Editorial Notes

Although the source material for the B minor Symphony seems relatively simple this is far from true of the editorial problems. Unlike Schubert's other symphonies, for this one, as a consequence of its subsequent fate, there is not a single draughtsman's copy or any other performance manuscript in existence. The only model for the text of this new edition is the autograph score and – unique within Schubert's symphonic work – the incomplete draft in the form of a piano sketch on two staves. This is however of greater significance for analytical work than for the resolution of editiorial problems. The first edition of 1867 is of course not considered here.

[12] Alte Gesamtausgabe der Werke Schuberts, 40 vols in 21 series, revised and edited by E. Mandyczewski *et al.*, Leipzig 1884–97

[13] O. E. Deutsch, *Franz Schubert: Thematisches Verzeichnis seiner Werke in chronologischer Folge*, new edition in German compiled and edited by the editors of the *Neue Schubert-Ausgabe*, Kassel 1978

berts zu beseitigen, sei erwähnt, daß die lange Zeit gültige unrichtige Zählung der h-Moll-Sinfonie als Nr. 8 und der C-Dur-Sinfonie als Nr. 7 auf Johannes Brahms und die Alte Gesamtausgabe von Schuberts Werken[12] zurückgeführt wird. Um die chronologische Reihenfolge wiederherzustellen, wird vielfach die C-Dur-Sinfonie auch als Nr. 9 gezählt. Seit der revidierten Neuausgabe des „Deutsch-Verzeichnisses"[13] in deutscher Sprache wird die „Unvollendete" chronologisch richtig eingeordnet als Nr. 7.

Die Herausgeberin dankt der Gesellschaft der Musikfreunde in Wien für die Bereitstellung von Quellenmaterial und Herrn Archivdirektor Dr. Otto Biba für die hilfreiche Unterstützung ihrer Arbeit.

Revisionsbericht

So einfach die Quellenlage der h-Moll-Sinfonie auch aussehen mag, so wenig sind es darum die editorischen Probleme. Zum Unterschied von Schuberts übrigen Sinfonien existieren von dieser, gemäß ihrem späteren Schicksal, nicht einmal Kopistenabschriften oder sonst zur Aufführung dienliche Manuskripte. Die einzige Vorlage für den Text dieser Neuedition besteht aus der autographen Partitur und – ein einzigartiger Fall innerhalb Schuberts sinfonischem Schaffen – aus dem nur unvollständig erhaltenen Entwurf in Form einer Klavierskizze auf zwei Systemen. Dieser ist jedoch mehr für analytische Arbeiten von Bedeutung, als zur Klärung editorischer Probleme. Die Erstausgabe von 1867 bleibt in diesem Zusammenhang selbstverständlich außer Betracht.

[12] Alte Gesamtausgabe der Werke Schuberts, 40 Bde. in 21 Serien, Kritisch rev. u. hg. v. E. Mandyczewski u. a., Leipzig 1884–97

[13] Otto Erich Deutsch, *Franz Schubert. Thematisches Verzeichnis seiner Werke in chronologischer Folge*, Neuausgabe in deutscher Sprache bearbeitet u. hg. v. der Editionsleitung der Neuen Schubert-Ausgabe, Kassel 1978

The autograph score[14] is in the Archive of the Gesellschaft der Musikfreunde in Vienna (Signatur A 243) and consists of forty-three sheets, bound, of which thirty-nine are written on. The page numbers from 2 to 70 in ink are in Schubert's own hand. The sketches belonging to it are kept in the same file (Signatur A 244) and consist of six sheets, of which four are written on. The score breaks off on the second page in the third movement (*Allegro*) at bar 20. From bar 10 only the upper systems (violins, viola, woodwind) are filled out. Of the sketches the first part, corresponding to bars 1–248 of the first movement, have been lost; the whole of the second movement survives; in the third movement Schubert breaks off after the first part of the Trio (sixteen bars), and the last bars are only written out in the upper system.

The title page (folio 1) bears the following inscription in Schubert's hand: 'Sinfonia in H moll von / Franz Schubert pm. / Wien den 30 Octob. 1822.' In the bottom left-hand corner there is a stamp with the signature of the former owner of the score Nicolaus Dumba. Sketches and score carry the watermark of the paper mill of Kiesling Bros with three half moons, as do, among other works, the vocal quartet 'Gott in der Natur' D 757 of August 1822 and the song 'Schwesterngruss' D 762 of November 1822.[15] The handwriting conveys the impression of fluent style, the characters are open and extremely clear and contain remarkably few corrections. Schubert followed the usual eighteenth-century convention for score layout with the violins

Die autographe Partitur[14] befindet sich im Archiv der Gesellschaft der Musikfreunde in Wien (Signatur A 243) und besteht aus 43 Blatt, gebunden, davon 39 Blatt beschrieben. Die Seitenzählung von zwei bis 70 in Tinte stammt von Schuberts Hand. Die dazugehörigen Skizzen werden in der gleichen Mappe aufbewahrt (Signatur A 244) und bestehen aus sechs Blatt, davon vier beschrieben. Die Partitur bricht im dritten Satz (*Allegro*) auf der zweiten Partiturseite, Takt 20, ab. Ab Takt 10 sind nur noch die oberen Systeme (Violinen, Viola, Holzbläser) ausgeführt. Von den Skizzen ist der Anfangsteil, entsprechend den Takten 1–248 des ersten Satzes, verloren gegangen. Der zweite Satz ist vollständig erhalten. Im dritten Satz bricht Schubert nach dem ersten Teil des Trios (16 Takte) ab, die letzten Takte sind nur noch im oberen System ausgeführt.

Das Titelblatt (Blatt 1) trägt folgende Aufschrift von Schuberts Hand: „Sinfonia in H moll von / Franz Schubert pm. / Wien den 30 Octob. 1822". In der linken unteren Ecke befindet sich ein Stempelabdruck mit dem Namenszug des früheren Partitureigentümers Nikolaus Dumba. Entwürfe und Partitur tragen das Wasserzeichen der Papiermühlen Gebrüder Kiesling mit drei Halbmonden, wie u. a. auch das Vokalquartett „Gott in der Natur" D 757 vom August 1822 und das Lied „Schwesterngruß" D 762 vom November 1822[15]. Der Schriftduktus übermittelt den Eindruck einer flüssigen Schreibweise, das Schriftbild ist übersichtlich und sehr deutlich und enthält auffallend wenig Korrekturen. Schubert behält die im 18. Jahrhundert übliche Partitur-

---

[14] Facsimile edition, Drei Masken Verlag, Munich 1923; Publications of the Collections of the Gesellschaft der Musikfreunde in Vienna, 3 vols, ed. Otto Biba, Munich-Salzburg 1978

[15] On this see Ernst Hilmar, *Verzeichnis der Schubert-Handschriften in der Musiksammlung der Wiener Stadt- und Landesbibliothek*, Kassel etc 1978, watermark no. 72

[14] Faksimile-Ausgaben: Drei Masken Verlag, München 1923; *Publikationen der Sammlungen der Gesellschaft der Musikfreunde in Wien*, 3. Bd., hg. v. Otto Biba, München-Salzburg 1978

[15] vgl. hierzu Ernst Hilmar, *Verzeichnis der Schubert-Handschriften in der Musiksammlung der Wiener Stadt- und Landesbibliothek*, Kassel etc. 1978, Wasserzeichen Nr. 72

on the top stave; pairs of wind are, with exception of the flutes, each notated on one stave.

The difficulties of this new edition lie, firstly, in the transcription of phrasing and articulation, the interpretation of dynamic marks and accents. The impossibility of making comparisons with a contemporary copy or an authentic printing made editorial decisions difficult when clarifying questionable places. Many cases of inconsistency or lack of uniformity in the autograph can be put down to the haste in which the score was written. This affects particularly the phrase marks that Schubert was in the habit of displacing by the length of a crotchet. A number of doubtful articulation signs can be resolved by comparison with analogous points in the exposition and recapitulation. Where Schubert's script invites two possible interpretations, the choice was made on the basis of critical reflection and comparative study. The editor was thus obliged to make approximations and additions, which are indicated by the use of square brackets or by dotted lines for ties and slurs. On the other hand the transference of analogous dynamic markings and marks indicating articulation within an instrumental group is not identified as an editorial addition. This is in order to avoid obscuring the page with square brackets. The same applies to *staccato* dots and phrase marks which Schubert would surely have transferred from the first violin part to the second and the viola, and from the first flute to the rest of the woodwind etc where the musical context so demands. A pattern of articulation once established for a figure that remains unaltered is continued by analogy, for Schubert takes the instruction *simile* for granted, as for example in the first movement, bars 260ff., the accompanying figure in flute and clarinet, and later in the viola.

anordnung mit den Violinen im obersten System ein; Bläserpaare sind, mit Ausnahme der Flöten, jeweils in einem System notiert.

Die Schwierigkeiten bei der Neuausgabe der vorliegenden Sinfonie liegen in erster Linie in der Übertragung von Phrasierungen und Artikulationen, der Deutung von dynamischen Zeichen und Akzenten. Das Fehlen jeglicher Vergleichsmöglichkeit mit einer zeitgenössischen Abschrift oder einem authentischen Druck erschwerte editorische Entscheidungen bei der Klärung fraglicher Stellen. Viele Fälle von Uneinheitlichkeit oder Inkonsequenz im Autograph können auf die Flüchtigkeit der Niederschrift zurückgeführt werden. Dies betrifft vor allem Bögen, die Schubert gern um eine Viertelnote verschoben ansetzte. Eine Menge zweifelhafter Artikulations-Anweisungen konnte mittels Vergleich analoger Stellen in Exposition und Reprise gelöst werden. Wenn Schuberts Niederschrift zwei Auslegungen ermöglichte, wurde nach kritischen Überlegungen und Vergleichen eine von beiden ausgewählt. Der Herausgeber sah sich daher zu Angleichungen und Ergänzungen veranlaßt, welche durch eckige Klammern oder Strichelung kenntlich gemacht sind. Nicht als Herausgeberzusatz gekennzeichnet wurde die sinngemäße Übertragung dynamischer Zeichen und solcher für die Artikulation innerhalb einer Instrumentengruppe, um ein Überwuchern des Partiturbildes durch eckige Klammern zu verhindern. Dasselbe gilt für *staccato*-Angaben und Bögen, die Schubert sicherlich vom Part der ersten Violine auf die zweite und die Viola, von dem der ersten Flöte auf die übrigen Holzbläser etc. übertragen wissen wollte, wenn dies der musikalische Kontext verlangte. Ein einmal festgesetztes Artikulationsschema einer gleichbleibenden Figur wurde sinngemäß fortlaufend übertragen, da Schubert den Hinweis *simile* als selbstverständlich

A very important task involved correcting the signs for accents and for diminuendos which had for the most part been misinterpreted in old editions of the score. It is not possible to make a categorical distinction between the two because in Schubert's handwriting the accents and diminuendo 'hairpins' are, in places, equally large and randomly placed, as often above the notes as below. In accordance with the latest findings in Schubert philology, my own stylistic research suggested that in the majority of questionable places the signs are in fact accents, which Schubert placed liberally throughout his scores. Thus, for example, the sequence of signs in the *ff* at the first climax of the development, first movement, bars 146–8 cannot possibly mean a reduction in volume. Less obvious was the explanation for bars 194–8 for Schubert's irregular script at this point invites several possiblities. The editor decided on accents in the melody and sustained parts (wind and bass) and on a *diminuendo* sign in the tremolo parts (upper strings), which leads to a *pp* in the fifth bar.

In the second movement in particular, the structuring of the theme by means of accentuation is clear. The first theme correctly articulated in a way which serves for all subsequent variations sounds thus:

vorausgesetzt hat, wie z. B. im ersten Satz, T. 260 ff. die Begleitfigur in Flöten und Klarinetten und später in der Viola.

Eine sehr wichtige Aufgabe war die Berichtigung der in den meisten älteren Partiturausgaben falsch interpretierten Akzent- und *diminuendo*-Zeichen. Eine gültige Unterscheidung zwischen beiden ist nicht verifizierbar, da Akzente und *decrescendo*-Gabeln in Schuberts Handschrift stellenweise gleich groß sind und jene willkürlich sowohl ober- als unterhalb der Notenhälse gestellt sind. In Übereinstimmung mit den neuen Erkenntnissen der Schubert-Philologie ergaben auch stilistische Untersuchungen meinerseits, daß es sich in der Mehrzahl der fraglichen Fälle um Akzente handelt, von denen Schubert in seinen Partituren eine Fülle gesetzt hat. So können z. B. die aufeinander folgenden Zeichen im *ff* am ersten Höhepunkt der Durchführung, I. Satz, T. 146 und 148 unmöglich ein Abnehmen der Tonstärke bedeuten. Weniger klar war die Auslegung der T. 194 bis 198, da Schuberts uneinheitliche Schriftzüge hier mehrere Varianten zulassen. Der Herausgeber entschied sich für Akzentzeichen in den Melodie- und liegenden Stimmen (Bläser und Bässe) und für *decrescendo*-Gabeln in den tremolierenden Stimmen (hohe Streicher), die zum *pp* im fünften Takt hinleiten.

Besonders im zweiten Satz wird die thematische Strukturierung durch Akzente deutlich. So lautet das erste Thema in seiner richtigen Artikulation, die auch für alle Themenabwandlungen gültig bleibt:

and the counter-theme in the cellos, with the phrasing made uniform by the editor:

und die Gegenstimme in den Celli, mit vom Herausgeber vereinheitlichter Phrasierung:

pp

The much disputed entries in an unknown hand in bar 109 of the first movement have already been discussed by, among others, Ernst Hess.[16] I have therefore confined myself to the minimum regarding this in the footnote.

Teresa Reichenberger
Translation Penelope Souster

Über die viel umstrittenen Eintragungen von fremder Hand in T. 109 des ersten Satzes hat schon u. a. Ernst Hess referiert[16]. Ich habe mich daher in den Einzelanmerkungen diesbezüglich auf ein Minimum beschränkt.

Teresa Reichenberger

---

[16] Ernst Hess, 'Zur Urtextfrage von Schuberts „Unvollendeter"', *Schweizerische Musikzeitung* 87 (1947), p. 78

[16] Ernst Hess, *Zur Urtextfrage von Schuberts „Unvollendeter"* in: *Schweizerische Musikzeitung*, Jg. 87/1947, S. 78

Einzelanmerkungen

Die Angaben beziehen sich auf das Autograph.

Satz I

Takt

23, 24 Cor. 1 Phrasierungsbogen über der ganzen Phrase fehlt, wurde entsprechend T. 25 und T. 232 (Fl.) ergänzt. Sollte jedesmal heißen:

28, 29 Fg., Cor. ohne *staccato*-Keile

32, 33 Cor. letzte Achtel jeweils ohne Bindebogen

32 ff. Cl., Fg. Bögen nur über 1. und 2. N., nicht über den ganzen Takt (vgl. T. 247)

35, 37 Streicher, Tr. keine *staccato*-Keile, jedoch vgl. Reprise T. 250 ff.

80 ff. Streicher, Fg. keine Keile mehr eingezeichnet. Möglicherweise sollten Keile weiter ergänzt werden (*simile*). Da sich in T. 81 durch die Vorschrift *ff* der Charakter ändert, habe ich die *staccato*-Zeichen nur in T. 80 ergänzt (vgl. T. 299).

80 *staccato*-Zeichen nur in Vl. I, Fl. 1, Cb.

88 *staccato*-Zeichen nur in Vl. I, Fl. 1, Cb.

92 *staccato*-Zeichen nur in Vl.I, Cb.

100 Ob. 1 ohne Dynamik-Zeichen, ebenso Cl. 1/2 in T. 101

104 Dynamik auf der zweiten Viertel uneinheitlich *ff* und *ffz*. Der Vergleich mit der Parallelstelle T. 322 führte zur Entscheidung zugunsten des *ffz*.

109 Dieser Takt weist im Autograph Änderungen der harmonischen Struktur von fremder Hand mit Tinte und Bleistift auf: Fg. 2 neben dem H ein cis, Cor. das a' durchgestrichen und zu e' verändert. Die in vielen Editionen kopierten Eintragungen wurden hier wieder auf ihre ursprüngliche Version gestrichen.

109 Akzente nur in Fl., Ob.

110 Akzente nur in Fl., Ob.

130, 132 Vl.II ohne Akzent

136-139 Cl., Fg., Tbn. 1 – 3 fehlende Akzentzeichen auf den *fz*-Akkorden

176 Vl. I/II, Vla. ohne Dynamik

178, 182 Fl. 1, Fg. dynamische Zeichen unklar: sehen aus wie *diminuendo*-Gabeln. Doch ergäbe dies musikalisch keinen Sinn, da die hohen Streicher gleichzeitig crescendieren. Deshalb wurde für den Akzent entschieden, der sinngemäß auf die übrigen Holzbläserstimmen ergänzt gehört.

184 Fl. 1/2 1.N. nicht über den Taktstrich hinzugebunden

185, 189 Fg., Tbn., Vc., Cb. keine Keile auf den Viertelnoten. Möglicherweise sollten die Keile ergänzt werden, entsprechend den Gegenstimmen (Fl., Cl., Vl., Vla.) in T. 187, es sei denn, der Unterschied war bewußt gesetzt worden.

188 Fg., Tbn. keine *fz*

194 bezüglich der Dynamik s. Revisionsbericht

201 Cor. kein *crescendo*

229, 230 Streicher ohne Dynamik

232, 233,
234, 235 Ob. wie Cor. 1 in T. 23/24

236 Vla., Vc., Cb. ohne Dynamik

238 Streicher ohne Dynamik

243 Vl. I/II Die Dynamik wurde entsprechend der analogen Stelle in der Exposition (T. 29) korrigiert. Schuberts Vorschrift in diesem Takt dürfte ein Versehen sein:

und wurde umgeändert zu:

249   Ob. letzte Achtelnote dazugebunden

260 ff.   Fl., Cl., später auch Fg.: wo Schubert die *staccato*-Punkte und Bögen nicht mehr fortgesetzt hat, wurden sie ergänzt.

291, 293   Streicher: die Bögen sind uneinheitlich und wurden einander angeglichen, und zwar:

299 ff.   Hier gilt dasselbe wie in T. 80 ff.

306   *staccato*-Keile nur in Vl.I, Fl.I, Ob., Cb., eingezeichnet

310   *staccato*-Keile nur in Vl.I, Fl.1, Cb. eingezeichnet

311 ff.   Vla. fehlende Artikulation, sollte selbstverständlich den analogen Figuren T. 260 ff. angeglichen werden.

320   Vl.I/II 4.,5.N. ohne Artikulation (in Vl.II ein Bogen), *staccato*-Punkte und Bogen ergänzt nach Parallelstelle T. 102

327   Cor. ein von fremder Hand mit Tinte hinzugefügtes e′

341   Vla. ohne Dynamik

344   Holzbläser ohne Dynamik

351   *fz* nur in der Fl.1 (gilt wahrscheinlich für den ganzen Tutti-Akkord)

352   Ob., Cl.: *pp* gilt nur für die 1. Stimme (Melodiestimme), 1.N. in Ob.2/Cl.2 bleibt *ff* als Abschluß der Phrase (aus dem Autograph geht dies deutlich hervor).

Satz II

5, 6   Vc. Bogen über Taktstrich. Die korrigierte Artikulation gilt ebenso für: Vc. T. 11/12, Cb. T. 20/21, Fg. T. 47/48, Vc. T. 152/153.

20, 21, 27, 28	Vc., Cb. Bogen über Taktstrich, entsprechend T. 167/168 vereinheitlicht (Vgl. I. Thema T. 5/6)
33 ff.	Tbn. ohne *staccato*-Zeichen
40-44	Vl. ohne *staccato*
44, 45	Fl.2 kein Bogen über Taktstrich
63, 64	Vl.I kein Bogen über Taktstrich (nur T. 60-63). Analog T. 205 sollte das folgende Sechzehntel hinzugebunden werden.
99	Cl.1 ohne Bindung, entsprechend Fl.2 ergänzt
107, 108	Fl., Cl., Vl.I ohne *staccato*
109	Vl.I/II *fz* anstatt *ffz*
120	Ob.1 Schubert hat offensichtlich aus Versehen das liegende d″ als 3.N noch einmal geschrieben. In der Parallelstelle T. 128 hat er es zu einer Viertelnote ausgebessert.
136	Fl.1 ohne Akzent
152, 153	Streicher Phrasierung uneinheitlich
160, 161	Cb. Bogen über Taktstrich
185, 186	Fl.2 Bogen über Taktstrich
191	Vc. Pause (Schubert hat das *unisono*-Zeichen durchgestrichen, Celli bereiten sich auf *arco* T. 192 vor)
214, 215	Vla., Vc. Bogen über 3. und 4.N.
239-242	*staccato*-Zeichen fehlen
241, 242	Cl. ohne Bogen
242	Cb. 3., 4.N. mit Punkt, anstatt Keil
244-249	Fg., Cb. keine Keile auf den abgesetzten Noten
250, 251, 254, 255	Fl., Ob. / Fl. } keine Bögen über Taktstrich
252	Vl.II, Vla., Vc., Cb., Fl., Fg.2, Cor., Tbn., keine *staccato*-Zeichen; Cl.1/2 ohne Akzent
254	Fg. keine Vorschrift *a 2*
256	Fl.2, Fg.2, Cor, Tr., Tbn., Timp., Vl.II, Vla., Vc., Cb. ohne Keile
257	Cl., Vl.II ohne Akzent
259	Fl.2, Ob., Cl. ohne Akzent

XVI

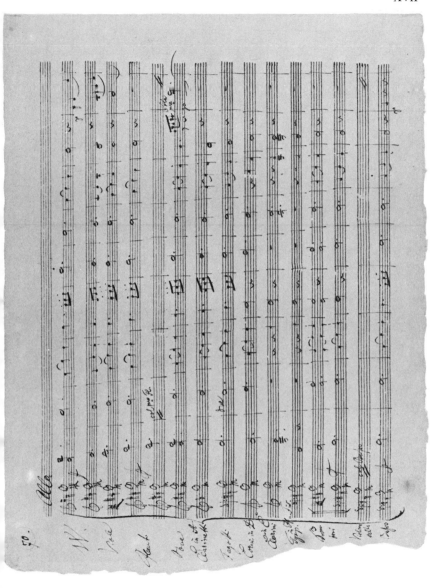

Beginning of unfinished third movement in autograph
Beginn des unvollendeten III. Satzes im Autograph

Title page of first edition, Vienna 1867
Titelblatt des Erstdrucks, Wien 1867

SYMPHONY

Franz Schubert
(1797 – 1828)
D 750

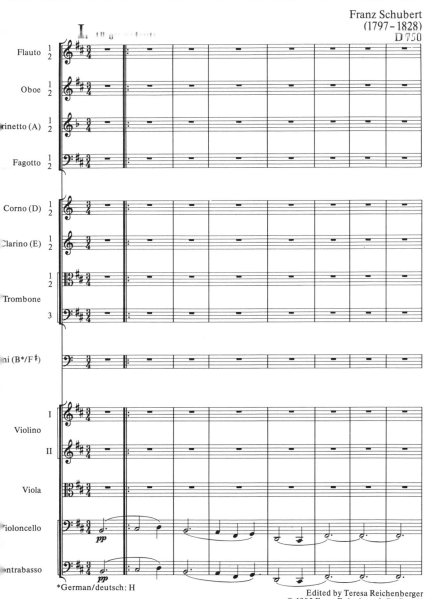

*German/deutsch: H

Edited by Teresa Reichenberger
© 1985 Ernst Eulenburg & Co GmbH
and Ernst Eulenburg Ltd

No. 403   EE 6790

25
Fl. 1 2
cresc.
fz
Ob. 1 2
cresc.
fz
Cl.(A) 1 2
cresc.
fz
Fg. 1 2
cresc.
fz
Cor. (D) 1 2
a2
fz
Tr. (E) 1 2
fz
Tbn. 1 2 3
fz
Timp.
fz
Vl. I II
cresc.
fz
Vla.
arco
cresc.
fz
Vc.
arco
cresc.
fz
Cb.
arco
cresc.
fz

EE 6790

7

EE 6790

10

13

EE 6790

14

16

18

EE 6790

38

40

42

46

Fl.

EE 6790

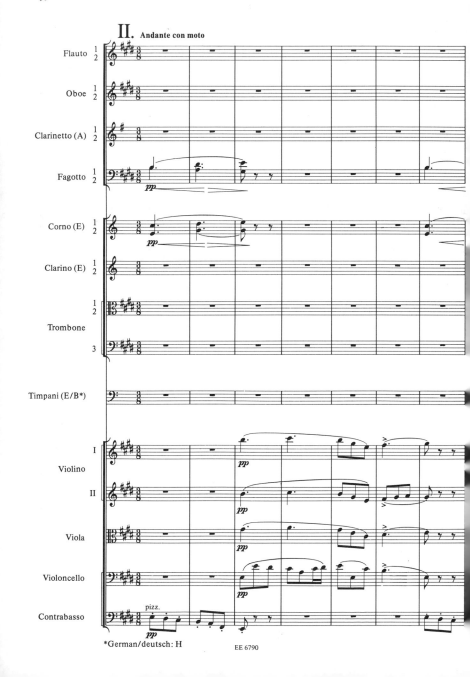

II. **Andante con moto**

*German/deutsch: H

58

66

72

74

76

77

195
Fl. 1 2
cresc.
pp
Ob. 1 2
1.
cresc.
pp
Cl.(A) 1 2
pp
Fg. 1 2
cresc.
pp
Cor.(E) 1 2
Tr.(E) 1 2
Tbn. 1 2 3
Timp.
Vl. I II
pp
Vla.
cresc.
Vc.
cresc.
pizz.
pp
ppp
Cb.
cresc.
pp
pizz.

88